Schöne Schleifen

Eine einfache Schleife zu binden lernen wir schon im Kindergarten. Später, als Erwachsene, binden wir Schleifen dann nicht mehr nur in unsere Schnürsenkel, sondern verzieren damit auch Geschenke. Von einfach bis üppig, von schlicht bis edel – dank der angebotenen Bändervielfalt und der verschiedenen Bindetechniken lässt sich so jedem Präsent ruck, zuck eine individuelle Note verleihen. Farblich passend auf das Geschenkpapier abgestimmt sind Schleifen das i-Tüpfelchen auf jeder Verpackung.

Auch in der Floristik sind Schleifen nicht mehr wegzudenken und peppen Blumensträuße oder Topfpflanzen auf. Und Festen verleihen Sie mit Schleifen eine ganz besondere Note, entweder als außergewöhnliche Tischdekoration oder aber als besonderer Akzent an einer Stuhlhusse. Lassen Sie sich von der Schleifenvielfalt begeistern!

Ihre

S. Holl

Die Motive lassen sich in folgende Schwierigkeitsgrade unterteilen:

● ○ ○ einfach ● ● ○ etwas schwieriger ● ● ● anspruchsvoll

MATERIALIEN UND HILFSMITTEL

- verschiedene Bänder (diese gibt es in einer unendlich großen Farbauswahl und Machart im Handel zu kaufen, z. B. Geschenkbänder, Kordeln, Gimpen, Silberdraht mit Federn und Perlen, Bastfäden, Tischbänder, Taftbänder usw.)
- Schere
- doppelseitiges Klebeband
- Klebefilm
- Heißkleber oder Kontaktkleber (für die Bänder), z. B. UHU hart
- UHU Alleskleber (für die Papiere)

Hinweise: Die breiten Taft-Dekobänder können ggf. durch Taftstoff ersetzt werden. Dieser sollte allerdings gesäumt werden, damit er nicht ausfranst.

Da bei vielen Bandherstellern die Kollektionen jährlich wechseln, werden u. U. nicht mehr alle hier im Buch abgebildeten Bänder im Handel zu finden sein. In diesem Fall einfach das entsprechende Band durch ein ähnliches ersetzen. Dies betrifft auch Dekoartikel wie Sisalblumen, Perlen usw.

Für schöne Schleifentuffs am besten Bänder mit Drahtkante benutzen.

Die Bandlängen usw. beziehen sich immer auf die abgebildeten Objekte. Diese bitte nach Bedarf anpassen.

Unter „Rest" wird bei den Papieren immer ein Stück verstanden, das maximal A5 groß ist.

Schleifenbindegerät

Mithilfe eines Schleifenbindegeräts lassen sich besonders wirkungsvolle und üppige Schleifen binden (siehe S. 7). Es lohnt sich vor allem für Personen, die häufig oder viele Schleifen binden wollen. Das Schleifenbindegerät kann man entweder im Handel kaufen oder ganz einfach selbst bauen.

MATERIAL

- Holzbrett, 30 cm x 17 cm
- 4 Holzwinkel, 13 cm x 9 cm (ersatzweise Metallwinkel, ein geteilter Collagen- oder Holzrahmen oder Holzleisten, die zu Winkeln zusammengeklebt wurden)
- 8 Holzschrauben, ø 5 mm
- Bleistift
- Säge
- Schleifpapier
- Schraubenzieher

So wird es gebaut

Auf dem Holzbrett mit Bleistift die Montagestellen anzeichnen. Der seitliche Abstand beträgt rechts und links jeweils 5 cm. Die Holzwinkel sind 3 cm breit. Der schmale Abstand zwischen den Winkeln beträgt 1 cm, der Abstand zwischen den sich gegenüber stehenden Winkeln 4 cm.

Die Winkel nach den oben genannten Maßen zusägen und die Kanten mit Schleifpapier abrunden. Mit den Schrauben an der bezeichneten Stelle befestigen.

Das Schleifenbindegerät kann der Länge nach oder quer benutzt werden, je nach Breite der Schleifenbänder.

Stimmungsvolle Tischdekoration

→ aus einfachen und mehrfachen Kragenschleifen

MATERIAL SCHLEIFEN-SERVIETTENBAND

- transparentes Dekoband mit Schlaufenkante in Apfelgrün, 1,2 cm breit, 1,40 m lang
- dünner Draht in Silber, 20 cm lang
- Papierserviette mit Blumenmuster in Pink, 32,5 cm x 32,5 cm

TISCHLICHT MIT EINFACHER KRAGENSCHLEIFE

- Teelichtglas, ø 7 cm, 6,5 cm hoch
- Dekoband mit Schlaufenkante in Rosa, 2 cm breit, 65 cm lang
- Dekogranulat in Rosa
- Teelicht in Grün
- Ilexbeerenblätterranke, 22 cm lang
- 3 Glasschliffperlen in Rosa, ø 8 mm
- 6 Pailletten in Rosa irisierend, ø 6 mm
- 3 Acrylschliffperlen in Pink, ø 4 mm
- 3 Rocailles in Rosa, ø 2 mm
- dünner Draht in Silber, 1,50 m lang
- Schaschlikstäbchen

Schleifen-Serviettenband

1 80 cm Band abschneiden. Dieses flach vor sich hinlegen und die Bandenden überkreuzen (siehe S. 6, a).

2 Auf jeder Seite zwei weitere Schlaufen dazulegen (b und c) und die Mitte mit Silberdraht abbinden (d).

3 60 cm Band über den Silberdraht binden, damit die aufgerollte Serviette umbinden. Die Bandenden schräg abschneiden.

Tischlichter

1 Für jedes Tischlicht aus 25 cm Dekoband eine einfache Kragenschleife binden. Dazu das Dekoband flach vor sich hinlegen und beide Bandenden so übereinander legen, dass das Band wie ein Hemdkragen aussieht. Den hinteren Teil des Bandes und die beiden Bandenden am Kreuzungspunkt raffen und mit Silberdraht abbinden (siehe S. 13, a und b). Die Bandenden schräg abschneiden.

2 40 cm Dekoband um das Glas binden und vorne abknoten. Die Schleife mit Heißkleber auf die Bindestelle kleben. Dekogranulat in das Teelichtglas füllen und das Teelicht hineinsetzen.

3 Eine Rocaille, eine Acrylschliffperle, eine Paillette, eine Glasschliffperle und eine weitere Paillette auf das Ende eines ca. 1,50 m langen Stücks Silberdraht auffädeln. Den Draht mithilfe eines Schaschlikstäbchens etwas kräuseln und den Vorgang noch zweimal wiederholen. Den geschmückten Silberdraht um ein 22 cm langes Stück Ilexbeerenblätterranke schlingen und dann um das Glas legen. Die Enden miteinander verdrillen.

WEITERFÜHRUNG

Stimmungsvolle Tischdekoration

a

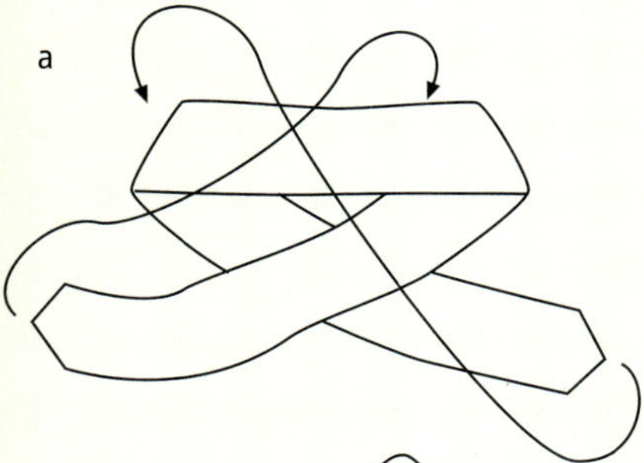

b

c

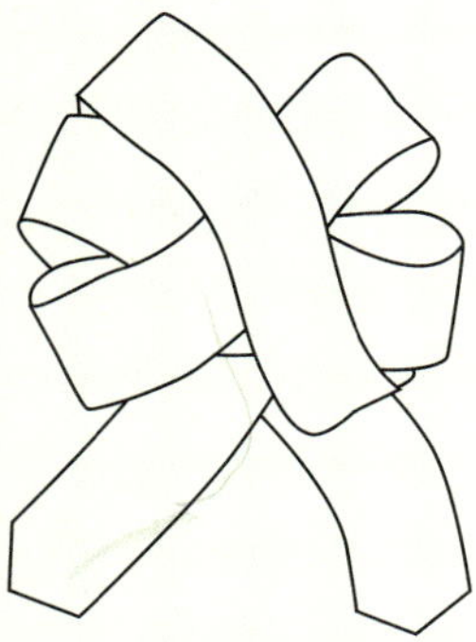

d

Üppig-dekorativ

→ Schleife aus dem Schleifenbindegerät

MATERIAL

- Geschenkpapier in Pink, Größe nach Bedarf
- Dekoband mit Schlaufenkante in Bordeauxrot, 4 cm breit, 6,20 m lang
- Naturfransen in Rot, 2 mm breit, 1,50 m lang
- Schleifenbindegerät (siehe S. 3)

1 Das Paket einpacken und mit 1,20 m Dekoband verschnüren.

2 75 cm Naturfransenband in die schmale Rinne des Schleifenbindegeräts legen. Dann 5 m Dekoband in Zick-Zack-Lagen in die breite Rinne legen. Das Dekoband mit dem Naturfransenband zusammenbinden. Die einzelnen Schlaufen aufstellen und den Schleifentuff zurechtzupfen.

3 75 cm Naturfransenband an der Verschnürung einbinden und den Schleifentuff damit an das Päckchen binden.

Schöner Schenken

→ mit einfachen Schleifen

MATERIAL
GRÜNES PÄCKCHEN MIT EINFACHER SCHLEIFE

- Geschenkpapier in Hellgrün, Größe nach Bedarf
- Organzaband „Chinablume“ mit Drahtkante in Rosa-Hellgrün, 4 cm breit, 2 m lang
- Organzaband in Hellgrün, 1 cm breit, 1,60 m lang
- 2 Filzblüten in Rosa, ø 5 cm
- Sisalblume in Rosa, ø 10 cm
- 2 Rillenwalzen in Hellgrün, 2 cm lang

KLEINES PAKET IN ROSA MIT ZWEI EINFACHEN SCHLEIFEN

- Geschenkpapier in Pink, Größe nach Bedarf
- Organzaband mit Aufdruck „baby feet“ in Rosa, 1 cm breit, 1,40 m lang
- 2 Filzblüten in Rosa, ø 5 cm

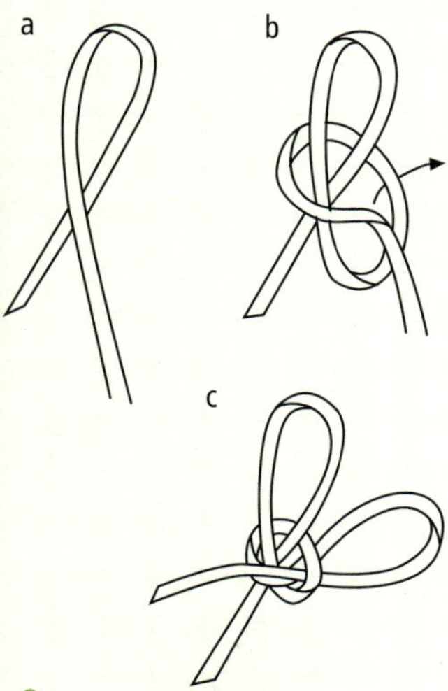

Grünes Päckchen mit einfacher Schleife

1 Das Päckchen in das Geschenkpapier einpacken. Beide Bänder aufeinander legen und damit das Paket verschnüren.

2 Alle Bandenden durch die Sisalblume ziehen und zu einer einfache Schleife (a bis c) binden.

3 Die Enden des breiten Organzabands zusammendrehen, etwas Klebstoff auftragen und die Rillenwalzen aufschieben.

4 Die schmalen Organzabänder so kürzen, dass sie unterschiedlich lang sind. Die Filzblüten anbinden und mit etwas Klebstoff sichern.

Kleines Päckchen in Rosa mit zwei einfachen Schleifen

1 Das Paket einpacken und mit dem Organzaband verschnüren.

2 Die Bandenden durch die Filzblüte ziehen und zu einer einfachen Schleife (a bis c) binden. Dann die Bänder gerade durch die zweite Filzblüte führen und nach ca. 10 cm Abstand zu einer zweiten einfachen Schleife binden. Die Bandenden schräg abschneiden.

Vorhangschleife

→ mit einfacher Schleife

a

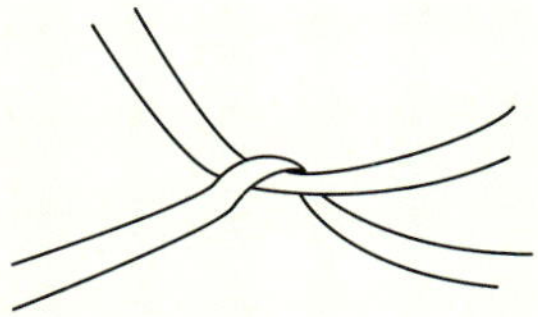

b

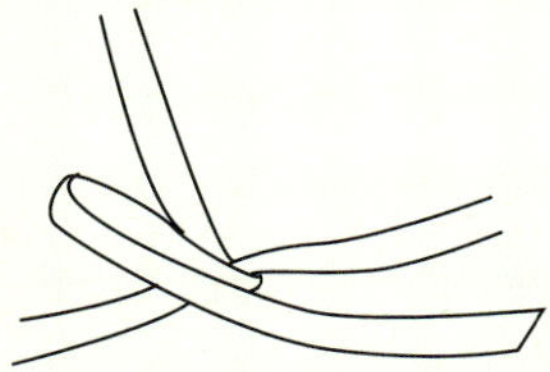

c

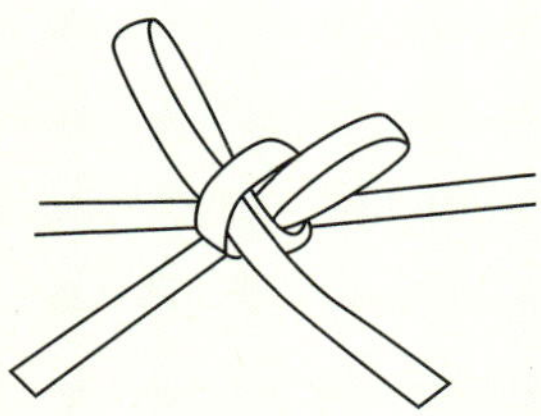

MATERIAL

- Taftband in Orange, 20 cm breit, 2,60 m lang

1 Das Band um den Vorhang legen und vorne miteinander verschlingen. Dabei auf gleich lange Enden achten (a).

2 Das linke Bandende zu einer Schlaufe legen und diese mit der linken Hand halten. Das rechte Bandende über die Schlaufe legen und durch die entstandene Schlinge führen (b und c).

3 Beide Schlaufen gleichmäßig festziehen und aufrichten. Die Bandmitte schön auseinander ziehen.

Tipp: Die Vorhangschleife gelingt besser, wenn das Band gestärkt ist. Dazu das Band mit Sprühstärke einsprühen und bügeln.

Fröhlich - frisch

→ mit einfachen Kragenschleifen

MATERIAL MENÜKARTE MIT EINFACHER KRAGENSCHLEIFE

- Doppelkarte in Gelb, 21 cm x 7,5 cm
- Prägekarton in Orange, 23 cm x 32 cm
- Transparentpapierrest in Weiß
- Organzaband in Gelb, 2,5 cm breit, 1 m lang
- Blümchenborte mit Tape, 2 cm breit, 22 cm lang
- dünner Draht in Gold, 20 cm lang
- Konturenschere

TISCHKARTE MIT KRAGENSCHLEIFE UND EINFACHER SCHLEIFE

- Tonkartonrest in Gelb
- Transparentpapierrest in Weiß
- Blümchenborte mit Tape, 2 cm breit, 9 cm lang
- Organzaband in Gelb, 2,5 cm breit, 20 cm lang
- Karoband in Gelb-Weiß, 6 mm breit, 30 cm lang
- dünner Draht in Gold, 20 cm lang
- Konturenschere
- Locher

a

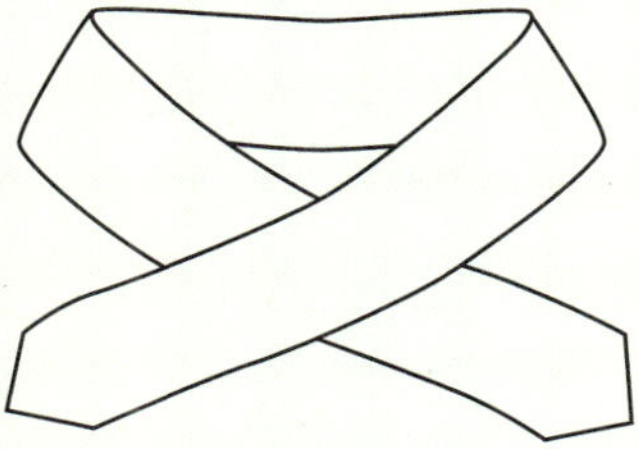

b

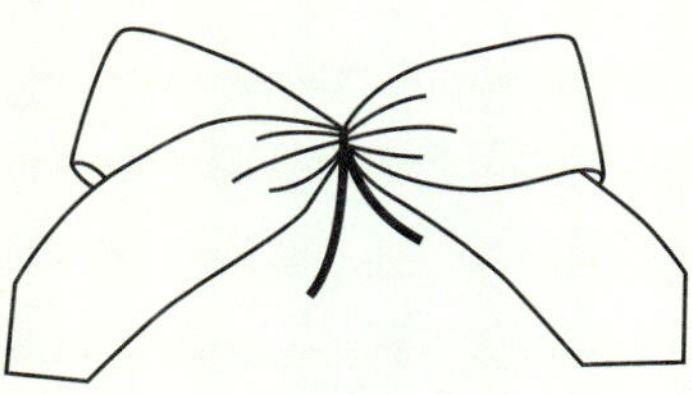

Menükarte mit einfacher Kragenschleife

1 Den Prägekarton genau in der Mitte falzen und in die Doppelkarte legen. Mit 80 cm Organzaband zusammenbinden.

2 Aus 20 cm Organzaband eine einfache Kragenschleife legen und diese am Kreuzungspunkt mit Golddraht abbinden (a und b). Die Drahtenden abschneiden. Auf die Bindestelle des Organzabands kleben.

3 Die Blümchenborte am Rand der gelben Karte befestigen. Mit dem Computer „Menü“ auf Transparentpapier drucken, mit der Konturenschere ausschneiden und auf den Prägekarton kleben.

Tischkarte mit Kragenschleife und einfacher Schleife

1 Den Tonkarton auf die Größe 6,5 cm x 18 cm zuschneiden, genau in der Mitte falzen und mit dem Locher ein Loch einstanzen.

2 Aus dem Organzaband eine einfache Kragenschleife legen und mit Golddraht am Kreuzungspunkt abbinden (a und b). Die Drahtenden abschneiden. Das Karoband durch das Loch führen, damit die Kragenschleife einbinden und es dann zu einer einfachen Schleife (siehe Seite 8, a bis c) binden. Die Bandenden schräg abschneiden.

3 Die Blümchenborte am oberen Rand befestigen. Mit dem Computer den Namen auf Transparentpapier drucken, mit der Konturenschere ausschneiden und auf die Tischkarte kleben.

Romantisch mit Schmetterling

→ mit zweiteiliger Schleife

a

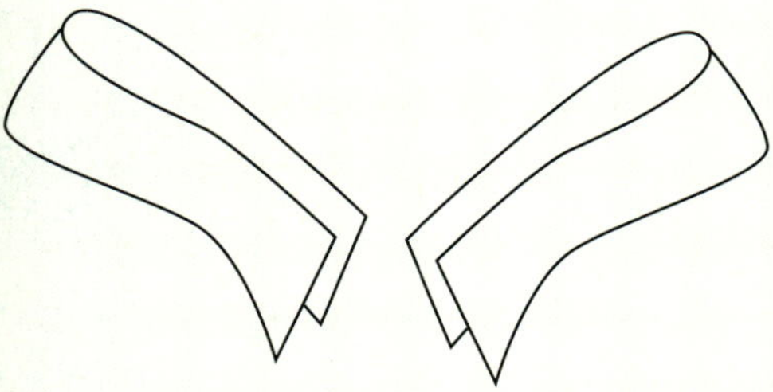

b

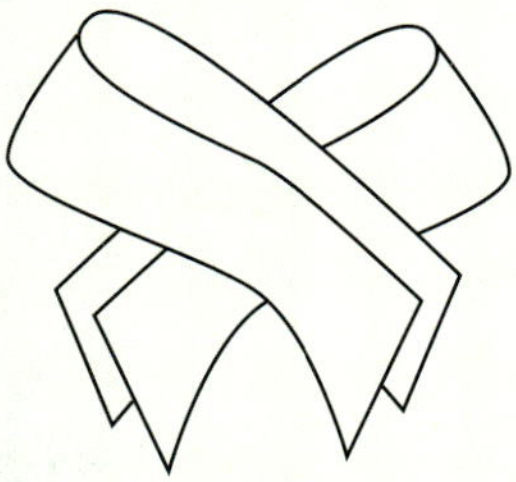

c

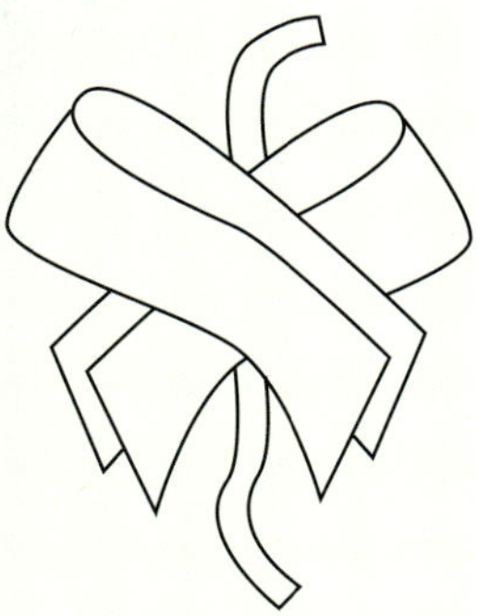

MATERIAL

- Geschenkpapier in Hellgrün, Größe nach Bedarf
- Organzaband in Orange, 3,8 cm breit, 2 m lang
- Schmetterlingsband in Gelb, 2 cm breit, 60 cm lang
- Tischband in Orange, 7,5 cm breit, 1 m lang
- Deko-Bastfaden in Gelb, 1 m lang
- dreilagiger Filzschmetterling mit Perle in Orange, Gelb und Hellgrün, 8 cm breit, 7 cm hoch

1 Das Paket mit dem Organzaband verschnüren, die Bandenden schräg abschneiden.

2 Das Tischband halbieren. Jeden Abschnitt zusammenklappen (a). Die Bandenden schräg abschneiden. Die Tischbandteile aufeinander legen (b), das Ganze auf das Päckchen legen. und mit dem Organzaband zusammenbinden (c).

3 Das Schmetterlingsband auflegen und mit dem Bastfaden dazubinden. Auf die Bindestelle den Filzschmetterling kleben.

Raffiniert gerafft

→ mit Treppenschleifen

GESCHENKVERPACKUNG IN HELLGRÜN

- Geschenkpapier in Hellgrün, Größe nach Bedarf
- Bi-color-Organzaband mit Drahtkante in Hellgrün, 4 cm breit, 3,30 m lang
- Perlengimpe in Hellgrün mit transparenten Perlen, 45 cm lang

GESCHENKVERPACKUNG IN ORANGE

- Geschenkpapier in Orange, Größe nach Bedarf
- Dekoband mit Schlaufen- und formbarer Drahtkante in Orange-Bordeaux, 3,5 cm breit, 3,20 m lang
- Organzaband in Orange, 8 mm breit, 60 cm lang

GLÜCKWUNSCHKARTE

- Doppelkarte in Hellgrün, 12 cm x 17 cm
- Tonkartonrest in Hellgrün
- Kopierpapier, 23 cm x 16 cm
- Bi-color-Organzaband in Hellgrün, 1,2 cm breit, 75 cm lang
- 2 Herzen aus Tonkarton in Hellgrün, 2 cm breit
- 6 Papierblümchen in Weiß mit Rocailles
- Stempelkissen in Transparent
- Hologramm-Embossingpulver
- Stempel: „Herzlichen Glückwunsch“
- Konturenschere
- Föhn

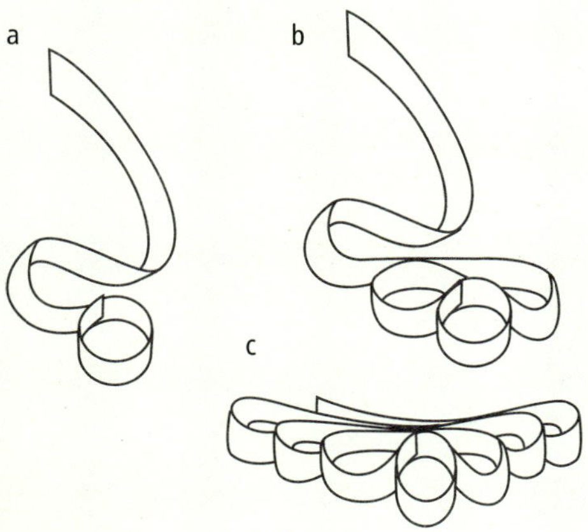

Geschenkverpackung in Hellgrün

1 Das Paket mit 1,30 m Organzaband verschnüren.

2 Aus 2 m Organzaband eine Treppenschleife binden (a bis c). Diese auf die Bindestelle der Verschnürung legen und festbinden. Die Perlengimpe unter der Schleife durchführen und vorne verschlingen.

Geschenkverpackung in Orange

1 Das verpackte Paket mit 1,20 m Dekoband diagonal verschnüren, der Knoten liegt unter dem Paket.

2 Aus 2 m Dekoband eine Treppenschleife (a bis c) binden und diese mit dem Organzaband oben auf dem Päckchen befestigen.

Glückwunschkarte

1 22 cm Bi-color-Organzaband diagonal auf die Karte kleben. Aus 50 cm Band eine Treppenschleife fertigen (a bis c) und auf das Band kleben. Die Karte mit Tonpapierherzen und Papierblümchen ausschmücken.

2 Auf den hellgrünen Tonkarton „Herzlichen Glückwunsch“ stempeln, mit Embossingpulver bestreuen und mit dem Föhn aufschmelzen. Den Schriftzug mit der Konturenschere ausschneiden und auf der Karte befestigen.

3 Kopierpapier in Weiß etwas kleiner als die Karte zuschneiden und innen am Falz ankleben.

Bänderkranz

→ mit floristischer Schleife

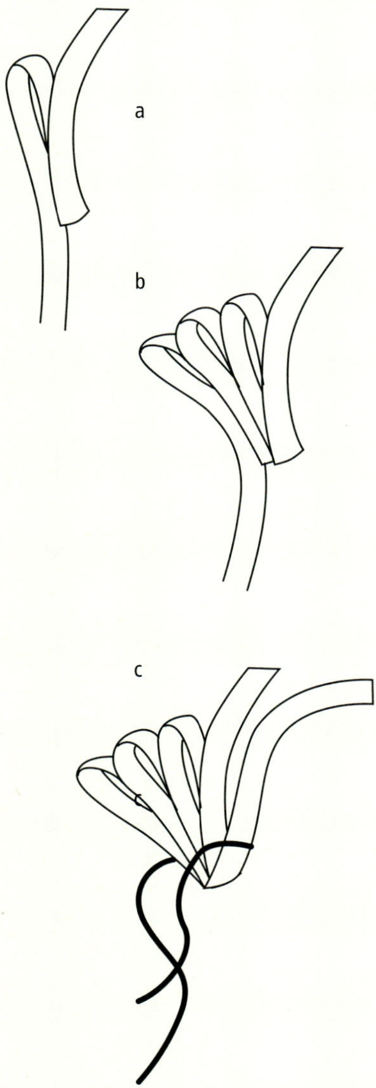

MATERIAL

- flacher Styroporring, ø 15 cm
- Dekoband mit Schlaufen in Grün-Pink, 2,5 cm breit, 6,50 m lang
- Bastfaden in Pink, 80 cm lang
- dünner Draht in Silber, 25 cm lang
- UHU por

1 Den Styroporring mit 4,50 m Dekoband umwickeln. Den Anfang dabei mit UHU por ankleben, das Bandende mit UHU hart.

2 Aus 2 m Dekoband eine floristische Schleife binden. Dazu das Band in die linke Hand nehmen und ein Bandende etwas länger lassen (a). Mit diesem werden die Schlaufen gelegt. Zwischen Daumen und Zeigefinger eine Schlaufe nach der anderen legen (b). Die Knickstellen mit Silberdraht abbinden (c) und in den Kranz kleben. Die Bandenden abschrägen.

3 Den Kranz am Bastfaden aufhängen.

Ein Hingucker im Blumentopf

→ mit floristischen Schleifen

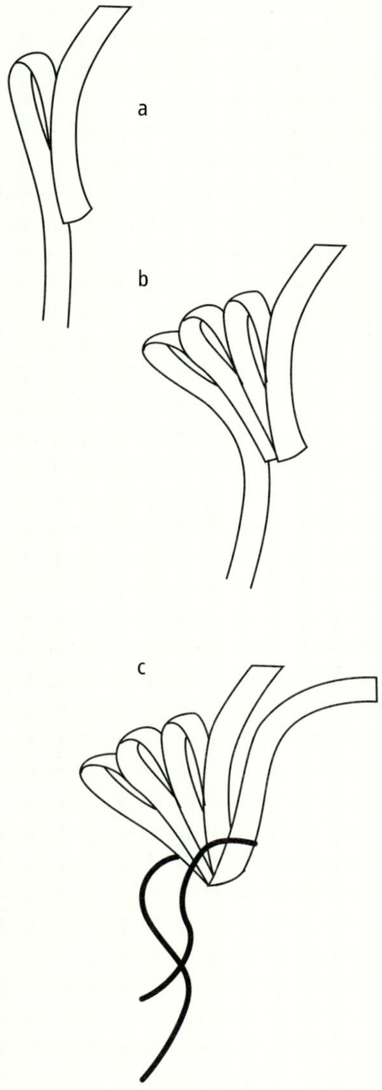

MATERIAL

- Chrysanthemen im Topf in Weiß
- Birken-Übertopf, ø 17 cm
- Filzherzen in Rosa, 7 cm und 14 cm hoch
- Dekoband mit Drahtkante in Rosa, 4 cm breit, 3 m lang
- 2 Steckdrähte, ø 0,6 mm, 30 cm lang

1 Die Chrysanthemen in den Übertopf stellen und die beiden Herzen aufeinander kleben.

2 Aus je 1,50 m Dekoband eine floristische Schleife (a bis c) binden, am Steckdraht befestigen und links und rechts in die Topfpflanze stecken.

Tipp: Den Birkenübertopf gibt es im gut sortierten Fachhandel zu kaufen. Sie können ihn aber auch aus einer Holzplatte (ø 17 cm) und kleinen Birkenstammabschnitten (ø 3 cm und 13 cm lang sowie ø 4 cm und 17 cm lang) selbst fertigen. Einfach die Birkenstämme auf den Rand der Holzplatte kleben und Bast oder Sisalschnur drum herum binden.

Modern in Schwarz und Weiß

→ mit Pomponschleife

a

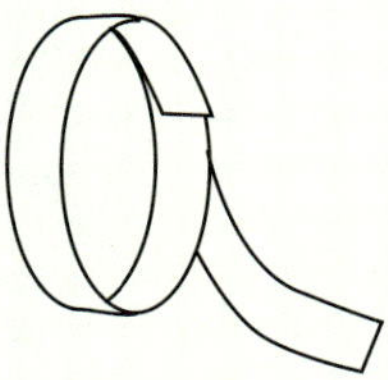

b

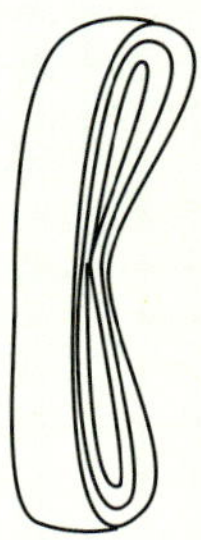

c

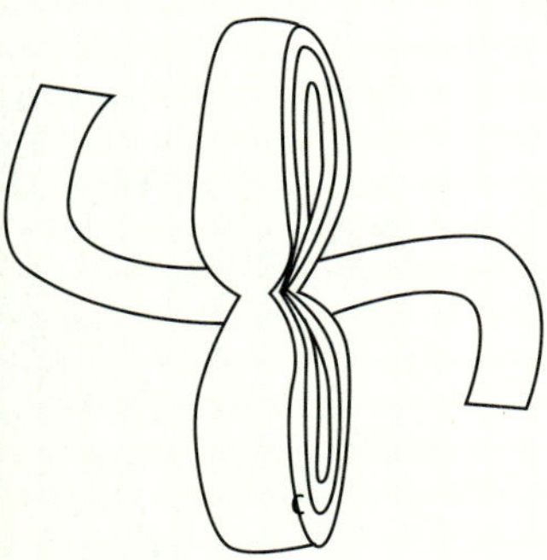

d

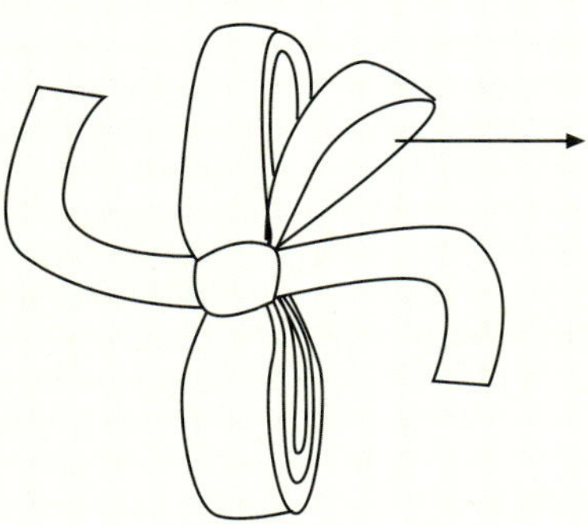

MATERIAL

- Flaschenverpackung aus Wellpappe in Schwarz-Weiß, 40 cm hoch
- Kordel in Schwarz-Weiß, ø 2 mm, 1,30 m lang
- Dekoband mit Drahtkante in Weiß, 4 cm breit, 2 m lang
- Ringelband in Weiß, 5 mm breit, 50 cm lang
- 10 Federn in Weiß

1 Die Kordel teilen, rechts und links an der Flaschenverpackung anknoten und jeweils zu einer einfach Schleife binden (siehe S. 8, a bis c). In Abständen von 10 cm einen Knoten in die Kordel machen und in diesen jeweils eine Feder stecken.

2 Aus dem Dekoband eine Pomponschleife binden. Dazu das Band in kreisender Bewegung übereinander legen (a) und dann zwischen Daumen und Zeigefinger zusammenpressen (b). Mit der Schere genau in der Mitte auf beiden Seiten Ecken herausschneiden. An dieser Stelle mit dem Ringelband abbinden (c). Abwechselnd einmal oben und einmal unten einzelne Schlaufen aus dem Bandpaket herausziehen (d) und um die eigene Achse drehen. Die Schlaufen so nach oben aufstellen, dass sie einen schönen Tuff bilden.

3 Die Pomponschleife auf die Verpackung kleben.

Üppig in Blau

→ mit mehrfacher Schleife

a

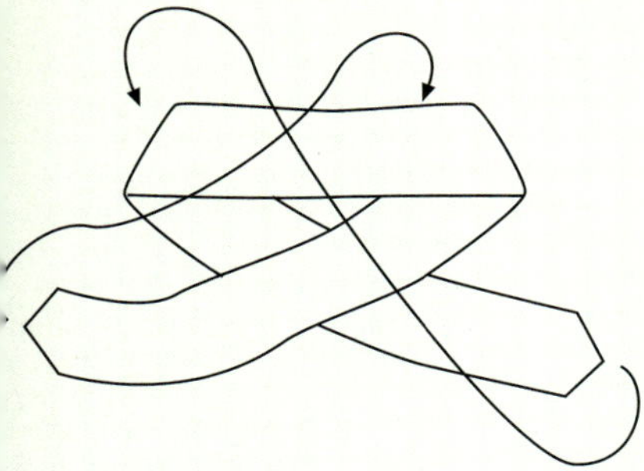

b

c

MATERIAL

- Geschenkschachtel aus Wellpappe, 40 cm x 20 cm x 10 cm
- Tüllband mit Tupfen in Hellblau, 10 cm breit, 2 m lang
- Organzaband mit Drahtkante und Blümchenmuster in Hellblau, 6 cm breit, 90 cm lang
- Strohseidenband in Türkis, 15 cm breit, 1,40 m lang
- Drahtfransen in Hellblau, 1 cm breit, 60 cm lang
- Flower Garland in Hellblau, 7 cm breit, 80 cm lang
- Organzaband in Hellblau, 8 mm breit, 2 m lang
- Bi-color-Organzaband in Hellblau, 4 cm breit, 1,80 m lang

1 Aus dem Strohseidenband eine doppelte Kragenschleife legen und mit dem schmalen Organzaband über dem Kreuzungspunkt verschnüren (a bis c). Darüber zuerst eine doppelte Kragenschleife aus dem Tüllband mit Punkten einbinden, dann eine doppelte Kragenschleife aus dem Organzaband mit Blümchen.

2 Anschließend die Drahtfransen und die Flower Garland mit einbinden.

3 Aus dem Bi-color-Organzaband eine Pomponschleife (siehe S. 22, a bis d) binden. Diese mit 50 cm Organzaband abbinden und in die Mitte der Schleife binden.

4 Die fertige Schleife mit Organzaband über die Geschenkschachtel binden.

Für Flaschenverpackungen & Co

→ Schleife aus Bandabschnitten

MATERIAL

- Geschenkfolie
- Holzwolle
- transparentes Schleifenband mit Drahtkante in Blau, 4 cm breit, 1,80 m lang
- Drahtgimpe mit transparenten Perlen in Blau, 70 cm lang
- Bastfaden in Blautönen, 4,50 m lang
- Feather Garland in Türkis-Flieder, 70 cm lang

a

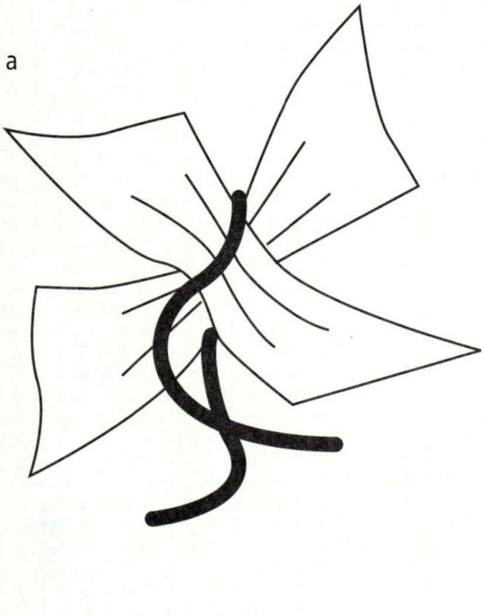

1 Die Flasche in Folie einpacken. Unten in die Folie Holzwolle legen. Oben die Folie mit Bast zusammenbinden.

2 Das Schleifenband in zehn Abschnitte mit jeweils 18 cm teilen, übereinander legen und mit 60 cm Bast in der Mitte abbinden (a). Darüber die Gimpe und die Feather Garland binden.

3 Sechs 60 cm lange Baststücke abschneiden und über die Mitte binden. Die Bandenden abschrägen und die Schleife am Flaschenhals befestigen.

Schleife für Stuhlhusse

→ einfache geklebte Schleife

MATERIAL

- Taftband in Rosa, 20 cm breit, 3,20 m lang
- Klebstoff oder Stecknadeln

a

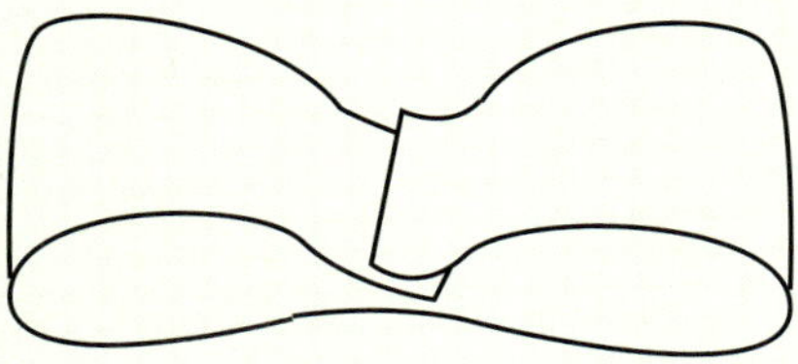

b

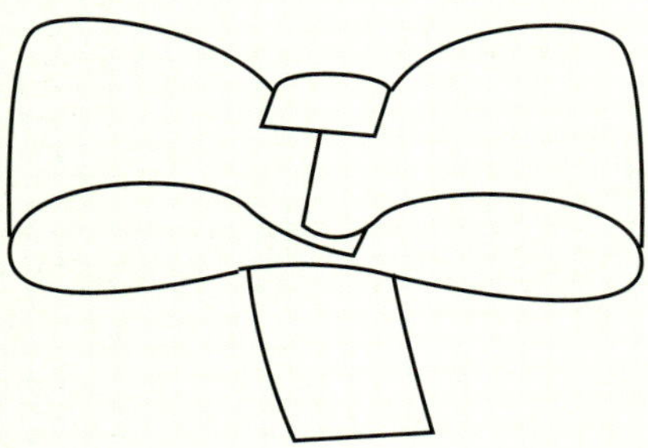

1 2,20 m Taftband um die Stuhllehne binden und mit etwas Klebstoff oder Stecknadeln fixieren, damit es nicht verrutscht.

2 80 cm Taftband auf 30 cm Breite zusammenlegen (a). 20 cm Taftband so zusammenlegen, das es nur noch 5 cm breit ist. Dieses verschmälerte Taftband über die Schleifenmitte legen und evtl. festkleben (b) und dann die Schleife an dieser Stelle an der Husse befestigen.

Für den Weihnachtsbaum

→ geklebte Doppelschleife

a

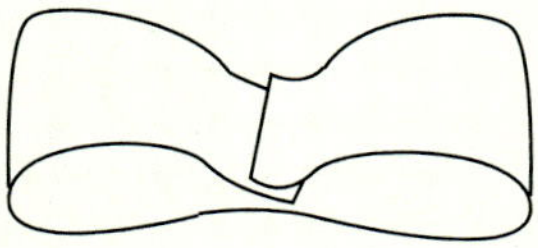

b

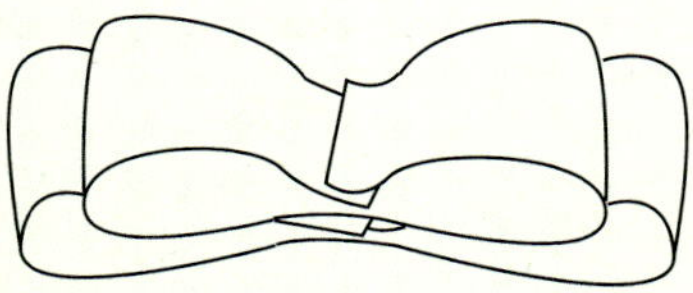

c

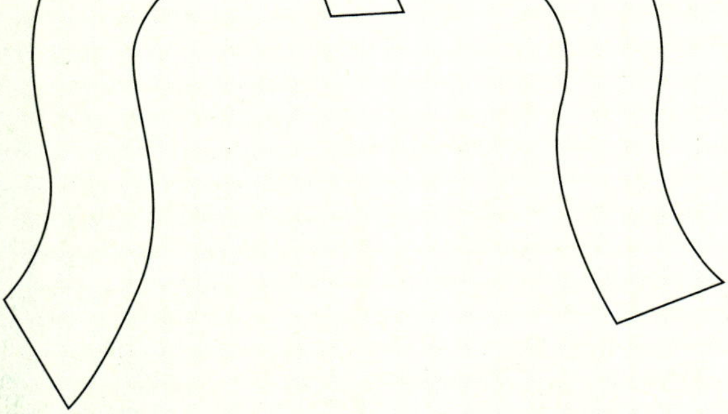

MATERIAL

- kariertes Dekoband mit Drahtkante in Rot-Gold, 4 cm breit, 1,60 m lang
- dünner Draht in Silber, 40 cm lang

1 Die Breite der fertigen Schleifen beträgt jeweils 20 cm. Dafür vom Dekoband 10 cm, 30 cm, 40 cm und 50 cm abschneiden

2 Die Bandenden der 30 cm und 40 cm langen Stücke in der Mitte übereinander legen und zusammenkleben (a und b). Dann aufeinander legen, das 50 cm lange Band darunterlegen und mit einem 10 cm langen Bandabschnitt zusammenbinden und -kleben (c).

Tipp: Zur Befestigung am Tannenbaum ein Stück Bindedraht hinten durch die Schleife ziehen und damit die Schleife an den Zweigen befestigen.

Küchenhandtuch-Schleife

→ hier ist die Schleife das Geschenk!

MATERIAL

- kariertes Küchenhandtuch in Weiß-Braun, 62 cm x 43 cm
- Dekoband in Rot, 10 cm breit, 21 cm lang

1 Das Küchenhandtuch mit der linken Seite nach oben auf den Tisch legen. Die obere und untere Kante 10 cm umschlagen, die rechte und linke Kante zur Mitte hin umschlagen.

2 Umdrehen, in der Mitte zusammenraffen, das Dekoband darüber legen und die Enden ca. 1 cm übereinander kleben.

IMPRESSUM

Wir danken den Firmen Deko-AS und Halbach für die freundliche Bereitstellung der Bänder in diesem Buch.
FOTOS: frechverlag GmbH, 70499 Stuttgart; Fotostudio Ullrich & Co., Renningen
DRUCK: frechdruck GmbH, 70499 Stuttgart

Auflage:	5.	4.	3.	2.	1.	
Jahr:	2010	2009	2008	2007	2006	[Letzte Zahlen maßgebend]

ISBN 10: 3-7724-3542-4
ISBN 13: 978-3-7724-3542-3
Best.-Nr. 3542